1868. 17 Février

# TABLEAUX ANCIENS

<table>
<tr><td>Me Philippe LECHAT<br>COMMISSAIRE-PRISEUR<br>rue Saint-Lazare, n° 64.</td><td>M. MILHÈS<br>EXPERT<br>Rue Clausel, n° 21.</td></tr>
</table>

PARIS — 1868

**RENOU & MAULDE**

IMPRIMEURS DE LA COMPAGNIE DES COMMISSAIRES-PRISEURS

Rue de Rivoli, 144

# CATALOGUE



# TABLEAUX ANCIENS

## GOUACHES, PASTELS

## DESSINS & AQUARELLES

DONT LA VENTE AUX ENCHÈRES PUBLIQUES AURA LIEU

# HOTEL DROUOT

### SALLE N° 8

## Le Lundi 17 Février 1868

A UNE HEURE

---

Par le ministère de M° **Philippe LECHAT,** Commissaire-Priseur,
rue Saint-Lazare, 64,

Assisté de M. **MILHÈS**, Expert, rue Clausel, 21,

CHEZ LESQUELS SE DÉLIVRE LE PRÉSENT CATALOGUE

---

## EXPOSITIONS

| **PARTICULIÈRE** | **PUBLIQUE** |
|---|---|
| Le Samedi 15 Février | Le Dimanche 16 Février |

DE UNE HEURE A CINQ HEURES.

*Le présent Catalogue servira de Carte d'entrée.*

**PARIS — 1868**

# DÉSIGNATION

### DES

# TABLEAUX

## ANTONELLO DE MESSINE

1 — Tête de Christ (sur panneau).

> Galerie du Grand-Duc de Wurtemberg.


## BEGA (Corneille)

2 — Intérieur flamand.

> Galerié du Grand-Duc de Wurtemberg.


## BERGHEM

3 — Passage d'un gué.

# L. BOILLY

4 — L'Arrivée de la Laitière.

    Des villageois se pressent autour de sa voiture.

# BOUCHER

5 — Paysage avec chaumière. Ovale.

6 — Sujet pastoral.

    Sur la droite, dans un paysage, un jeune berger enseigne à jouer du galoubet à une jeune fille.

    A gauche, sur le premier plan, des moutons se désaltèrent.

# BRASCASSAT (Attribué à)

7 — Taureau de la race Durham.

    Étude d'après nature.

# BREEMBERG

8 — Paysage avec figures.

# BRONZINO

9 — Portrait de Bianca Capello.

                Sur panneau.

# CALAME

10 — Paysage.

Vue dans les Landes, prise d'après nature.

# CARESME

11 — Nymphes et Satyres dans un paysage.

# CASANOVA

12 — Halte de routiers.

(Tableau gravé.)

# CORRÉGE (LE)

13 — La Vierge et l'Enfant.

(Peinture sur terre cuite.)

# CUYP (ALBERT)

14 — Paysage.

Une paysanne trayant ses vaches.

# DAGOTY

15 — Portrait de jeune Femme poudrée : costume
Louis XVI .

(Ce tableau est signé en haut, à droite.)

# DROUAIS

16 — Une Conversation.

Le comte d'Artois donnant lecture d'un livre à trois dames.

# DUBUFFE

17 — Femme endormie.

# DUPLESSIS

18 — Cavalier demandant son chemin.

(Petit panneau.)

19 — Passage d'un gué.

(Pendant du précédent.)

# FRAGONARD

20 — La Bonne Mère.

(Esquisse.)

# GIORDANO (Lucas)

21 — La Mort de Sainte Thérèse.

# GREUZE

22 — Portrait de jeune Fille.

(Collection du Grand-Duc de Wurtemberg.)

# GUARDI

23 — Une Ruine, avec figures.

24 — Vue d'une Rue de Venise, avec figures.

25 — Vue d'un Portique au bord de la mer. (Ruines, plusieurs figures.)

# GUERCHIN (LE)

26 — Saint Jean-Baptiste.

# HOLBEIN

27 — Portrait d'un Personnage.

Galerie du Grand-Duc de Wurtemberg.

# HUET

28 — Vénus et l'Amour.

# LAJOUE

29 — Baigneuses dans un parc.

# LAGRENÉE

30 — Les Vendanges. (Allégorie.)

# LEEMAN

31 — Scène de Patineurs.

(Petit panneau, signé.)

# LEMOINE

32 — Le Fleuve. (Sujet mythologique.)

# METZU (Gabriel)

33 — Une Visite. (Scène d'intérieur.)

# MONNAYER (Baptiste)

34 — Fleurs dans un vase.

(Superbe composition.)

# MOREAU (L.) L'AINÉ

35 — Paysage avec figures.

(Signé L. M.)

# MURILLO

36 — Les Pêcheurs de moules.

Au bord de la mer, un jeune moasse semble attendre l'arrivée d'un navire; à son côté, son camarade paraît l'inviter à terminer son repas. C'est la nature prise sur le fait; cette œuvre se distingue tant par la vérité du coloris et le naturel des poses que par le jeu et l'expression des physionomies.

# NATOIRE

37 — Diane et ses Nymphes se reposant après la chasse.

38 — Portrait de M<sup>me</sup> de Parabère.

Elle regarde une miniature du Régent qu'elle tient à la main.

# PARELLE (1776)

39 — Paysage avec ferme et figures.

(Signé et daté.)

# PORBUS

40 — Portrait d'une jeune Femme; costume de la cour de Henri II.

# PRIMATICE (LE)

41 — Vénus et l'Amour.

Paysage et attributs de la Comédie.

(Panneau.)

# RAPHAEL

42 — Portrait de la Fornarine.

Vue à mi-corps; la main droite retient le vêtement qui la couvre à demi; au bras gauche est un bracelet sur lequel sont ces mots : « Raphaël Urbinas. »

# RAOUX

43 — Portrait de jeune Femme en costume turc.

# RIGAUD

44 — Portrait de la duchesse de Bourgogne, maîtresse du
Régent, assise sur un canapé.

Dans le fond, on voit le palais de Versailles.

# ROBERT (Hubert)

45 — Intérieur de son atelier; son portrait par lui-même
au moment où il étudie une ronde-bosse.

46 — Intérieur d'église, avec plusieurs figures.

(Signé.)

47 — Paysage avec torrent et figures.

Sur cuivre rond.

48 — Vue d'un Canal souterrain, avec figures.

(Pendant du précédent.)

# ROGIER VAN DER WEIDE

49 — La Descente du Calvaire; le Christ mort, les trois
Marie et Joseph d'Arimathie.

# RUYSDAEL

50 — Lisière d'une forêt.

## STEEN (Jean)

51 — Repas après la moisson.

Dans une salle, plusieurs convives sont gaiement occupés, les uns à manger, les autres à chanter; un musicien anime cette fête; le personnage de droite qui tire au tonneau est Jean Steen. Il semble attendre avec anxiété si son voisin trouve de son goût la liqueur qu'il vient de lui verser.

Toutes ces figures sont traitées avec esprit. Rien ne manque à cette œuvre, pas même le monogramme du peintre qui se trouve à gauche, sur le soufflet.

## TAUNAY (Attribué à)

52 — Paysage avec figures.

## VALLIN

53 — Triomphe de Silène.

## VAN BALEN

54 — Sainte Famille; entourage de fleurs, fruits et anges.

# VAN DER MYN

55 — Danaë.

# VAN DE VELDE (Adrien)

56 — Pâturages; Moutons.

# VAN HEMSKERK

57 — Scène de Buveurs.

# VAN LOO

58 — L'Amour essayant la pointe de ses flèches.

59 — Danaë.

# VAN UDEN et REMBRANDT

60 — Moïse sauvé des eaux.

Paysage superbe. — Figures par Rembrandt.

# VELASQUEZ

61 — Portrait d'une Princesse espagnole.

## WYNANTS (DE BRUXELLES)

62 — Le Moulin. (Paysage et figures.)


## VERNET (JOSEPH). Attribué à

63 — Paysage avec figures. (Ovale.)


## VRIES (DE)

64 — Vue d'un Château-fort et ville au bord d'une rivière;
plusieurs figures animent ce paysage.

(Signé.)

65 — Vue d'une Ville.

(Pendant du précédent. Signé.)


## WATTEAU

66 — Panneau provenant d'un clavecin.

De chaque côté, une jeune femme assise devant un clavecin;
des singes tiennent la musique. Attributs divers.


## WOUWERMANS (PHILIPPE et PIERRE)

67 — La Vente de poisson.

Chevaux et paysans. Au fond, un fleuve.

# ÉCOLE ALLEMANDE

68 — La Vierge assise tient l'Enfant dans ses bras. Peint
sur fond doré, XVIᵉ siècle.

69 — Le Jugement de Pâris.

(Panneau.)

70 — Sainte Famille.

(Sur panneau.)

# ÉCOLE DE BERGHEM

71 — Bestiaux à la mare ; ruines dans le fond.

# ÉCOLE FRANÇAISE

72 — Diane et ses Nymphes.

73 — Autre Sujet mythologique.

(Pendant du précédent.)

74 — Paysage avec figures.

75 — Étude. Figure académique pour le prix de Rome.

76 — La Mère de Famille (Scène d'intérieur.)

## ÉCOLE ITALIENNE

77 — Ronde d'Amours; paysage.

## ÉCOLE HOLLANDAISE

78 — Vue de Rotterdam. Marine.

## ÉCOLE D'OUDRY

79 — Chasse au renard.

80 — Etude de deux Chiens de chasse.

## ÉCOLE D'ALBERT CUYP

81 — La Vision des Bergers.

## ÉCOLE DE RUBENS

82 — La Sainte Famille et saint Jean-Baptiste.

## ÉCOLE DE VAN DER HEYDEN

83 — Paysage; canal, pêcheurs. etc.

# DESSINS

## FRAGONARD

84 — Intérieur de ferme avec paysans.

Sépia.

85 — Une Vue du Parc de Versailles.

Sépia.

86 — Cortége de seigneurs.

Sépia.

## GUARDI

87 — Rixe de soldats et de paysans.

Superbe Gouache.

## BOUCHER

83 — Portrait de M<sup>me</sup> de Pompadour.

Aux trois crayons.

# LAGRENÉE

89 — Vénus et l'Amour.

Dessin aux trois crayons, mélangé d'aquarelle.

# PORTAIL

90 — Tête de Vieillard.

Aux trois crayons.

# WATTEAU

91 — Quatre Etudes de Femmes et Hommes.

Aux trois crayons ; porte un autographe dans le bas :

« *Fait un Dimanche 21 nov. 1720. — Je fus voir Pantalon.* »

# ANDRÉ

92 — Portrait d'une jeune Fille.

Pastel.

# DROUAIS

93 — Portrait d'une petite Fille tenant une poupée ; costume Louis XV.

Charmant pastel.

## MOREAU (L.) L'AINÉ

94 — Portrait de M<sup>me</sup> L. Moreau; costume Louis XVI.

Pastel signé L. L. M., octobre 1784.

## ROSALBA

95 — Portrait de jeune Fille.

Au bas est un quatrain.

Pastel.

## ÉCOLE FRANÇAISE

96 — Dame travaillant à de la tapisserie; costume Louis XVI.

Aquarelle.

97 — Sous ce numéro seront vendus quelques Tableaux non catalogués.

Renou et Maulde, imprimeurs de la Compagnie des Commissaires-Priseurs, rue de Rivoli, 144.

www.ingramcontent.com/pod-product-compliance
Ingram Content Group UK Ltd.
Pitfield, Milton Keynes, MK11 3LW, UK
UKHW031707170726
13836UKWH00001B/91